FACULTÉ DE DROIT DE PARIS.

RAPPORT

lu en séance publique de la Faculté de Droit de Paris, le 2 août 1880,

SUR LES

CONCOURS DE LICENCE ET DE DOCTORAT

de 1880 et de 1879

ET SUR LES

CONCOURS DE 1879 POUR LES PRIX ROSSI

par

M. JALABERT, professeur.

PARIS,

Pièce CHARLES DE MOURGUES FRÈRES,

IMPRIMEURS DE LA FACULTÉ DE DROIT,

RUE JEAN-JACQUES-ROUSSEAU, 58.

1880

5302.

ALLAIN, SC

RAPPORT

LU EN SÉANCE PUBLIQUE DE LA FACULTÉ DE DROIT DE PARIS

LE 2 AOUT 1880,

SUR LES

CONCOURS DE LICENCE ET DE DOCTORAT

De 1880 et de 1879

ET SUR LES

CONCOURS DE 1879 POUR LES PRIX ROSSI

Par M. JALABERT, professeur.

MESSIEURS,

L'institution des concours entre les étudiants en droit ne date que de 1840 ; elle est due, vous le savez, à une pieuse initiative, aux inspirations d'une mère douloureusement atteinte au plus profond de son âme. Madame Beaumont a voulu que ceux de nos disciples qui, à l'exemple de son fils, auraient puisé dans les leçons de leurs maîtres l'amour de la science, pussent recevoir ici-même une première récompense de leurs efforts. Bien des mères depuis ont béni sa mémoire ; la liste est longue, en effet, de ceux qui ont préludé par ces premiers succès à une carrière noblement remplie, qui se sont distingués au barreau, dans la magistrature, dans le professorat, dans les fonctions publiques, au sein du parlement. C'est le livre d'or de la Faculté et sa publication, si elle est faite un jour, attestera d'une manière éloquente la valeur et les résultats de cette fondation.

Sans doute, des mérites nombreux et divers se sont produits qui n'ont pas fait leurs premières preuves dans cette lutte universitaire, mais il n'est pas interdit de penser que les concours organisés par notre donatrice ont pu encourager bien des dispositions naissantes, donner à des vocations qui s'ignoraient ou qui doutaient d'elles-mêmes l'occasion de se révéler ou de s'affermir, créer enfin de ces précédents qui obligent, auxquels on tient à honneur de rester fidèle. Parmi ceux qui ont obtenu ces médailles portant le nom d'*Ernest Beaumont*, il en est, et des meilleurs, qui, arrivés à l'âge mûr, ne les retrouvent pas sans émotion parmi leurs plus chers souvenirs. Beaucoup, auxquels les distinctions, les charges, les dignités, n'ont pas fait oublier les prix de l'École, aiment à se reporter à cette époque de leur studieuse jeunesse où, dans un jour pareil à celui-ci, ils recueillaient des éloges mêlés de critiques, des encouragements et des conseils affectueux. Combien de fois, dans les luttes de leur vie, ils ont regretté ces concours fraternels, dans le jugement desquels la prévention et la faveur sont inconnues, où les récompenses appartiennent aux plus dignes, aux mieux préparés. C'est eux qui pourraient, avec une autorité toute particulière, engager nos élèves à prendre part en plus grand nombre à ces épreuves, à se mesurer courageusement avec leurs condisciples, et à offrir aux maîtres qui les ont nourris de leurs enseignements, les premiers fruits de leurs études. Pour les membres de cette École, ils savent gré à ceux qui ont voulu perpétuer les traditions de leurs devanciers, et ils éprouvent une vive satisfaction à signaler les essais des plus méritants. Celui qui a le grand honneur d'être aujourd'hui leur organe, doit à la bienveillante confiance de ses collègues une tâche rendue difficile par les rapporteurs qui l'ont précédé. Témoin de l'attention scrupuleuse apportée dans l'étude et dans la comparaison de ces travaux, il cherchera du moins à reproduire exactement les appréciations qui ont motivé les jugements. Ceux auxquels il s'adresse savent que la sincérité, dont la Faculté se fait un devoir étroit en ces matières, est une marque de sérieuse estime. Nous avons affaire à des esprits virils qui veulent progresser et grandir; leur signaler les tendances dont ils doivent se garder, les points qui appellent leurs efforts, les moyens les plus sûrs pour surmonter les obstacles qui les séparent du but, c'est leur prouver l'intérêt profond qu'ils nous inspirent.

Concours de licence. Droit romain.

« *De la demeure, de son caractère, de ses effets* » tel était, parmi les trois sujets de droit romain choisis par la Faculté, celui que le sort avait désigné aux élèves de 3e année, et qui devait être traité en six heures. Il y avait pour les concurrents à faire preuve d'une connaissance sérieuse de la matière des obligations; ils devaient exposer tout un ensemble de règles comportant des distinctions et des exceptions et en montrer la raison d'être et la portée. A des titres divers, chacune des trois compositions remises n'était pas au-dessous d'une récompense; leur classement a fait l'objet d'un rapport de M. Esmein qui nous servira de guide (1).

L'une d'elles mérite une place à part (2). On y trouve une conception exacte du sujet, un heureux essai de généralisation, une bonne méthode, une connaissance des textes qui fait éviter les erreurs, de la précision dans les idées et de la fermeté dans le style. On peut y signaler en particulier une très bonne discussion de la prétendue maxime : *Dies interpellat pro homine.* Si quelques parties n'ont pas été traitées avec la même ampleur que les premières, si, faute de temps sans doute, la distinction entre les contrats de bonne foi et ceux de droit strict n'a pas été mise en lumière et ne peut s'induire que d'un exemple, l'ensemble est satisfaisant et la valeur intrinsèque de ce travail a fait décerner le premier prix à M. Febvre.

Les deux autres compositions sont restées à une assez grande distance de la première; aucune ne nous a paru mériter le second prix.

M. Petiet a cependant tracé les linéaments d'un plan bien conçu et complet, mais il a faibli dans l'exécution (3). Si les solutions données sont correctes, des points importants ont été omis, d'autres n'ont pas reçu les développements qu'ils comportaient. Les comparaisons avec le droit français occupent relativement beaucoup trop de place et ne sont pas toujours exactes. Ces imperfections laissent

---

(1) La Commission était composée de MM. Labbé et Gérardin, professeurs, et de M. Esmein, agrégé, rapporteur.

(2) Devises : « *Non bene junctarum discordia semina rerum.* » (*Ovide.*) « *C'est sans doute par ignorance que Condorcet a dit : Nous devons au droit romain quelques vérités et beaucoup plus de préjugés tyranniques.* »

(3) Devises : « *Veni, vidi, victus sum* » — « *Et autant valent les simples convenances du droit français que les stipulations du droit romain* » (*Loysel*).

néanmoins subsister des qualités qui ont fait obtenir à l'auteur une première mention honorable.

La troisième composition (1) est inférieure à la précédente en ce qui tient aux vues d'ensemble, à l'ordonnance générale et au style. Le début est laborieux et, sur certains points, la doctrine ne se dégage qu'avec peine. Mais ce travail révèle des études sérieuses, les textes sont cités, il contient de bonnes parties comme celle qui traite du cours des intérêts. Une seconde mention honorable a paru devoir être accordée à M. Tonnelier.

Concours de licence. Droit français.

En droit français la question tirée au sort, dans les mêmes conditions que la précédente, était celle-ci : « *Quelles sont, sous les divers « régimes, les droits de la femme relativement à l'immeuble lui « appartenant que le mari a vendu sans son consentement ?* » Elle impliquait des notions précises sur chacun des régimes matrimoniaux, sur le caractère et les effets de la vente de la chose d'autrui, sur certaines suspensions de la prescription à raison du mariage. Pour dégager les idées générales, pour ne pas se perdre dans une série d'hypothèses compliquées, il fallait d'abord de la méthode, puis une certaine vigueur de conception et un sens juridique déjà développé. Deux controverses appelaient en particulier l'attention : l'une naissant de la situation de la femme acceptant la communauté et tenue, en cette qualité, d'une partie des obligations contractées par le mari, l'autre soulevée dans le cas où la dotalité de l'immeuble ayant été déclarée, le souvenir des anciens pouvoirs du mari sous le régime dotal aurait pu faire illusion aux tiers sur le sort de la vente.

Quatre compositions ont été déposées ; l'une a été écartée comme insuffisante et restant trop en dehors du sujet (2).

Parmi les trois qui ont été conservées, deux ont paru mériter chacune un prix, mais dans quel ordre devaient-elles être classées ? Le rapport de M. Lainé indique avec précision les termes et les éléments de la comparaison qui s'est établie entre elles (3). L'une et

---

(1) Devises : « *Périsse plutôt l'État s'il ne peut être sauvé que par l'iniquité* » (*D'Aguesseau*). — « *Veni, vidi, victus fui* ».

(2) Devises : « *L'amour de la patrie mène à la bonté des mœurs et la bonté des mœurs à l'amour de la patrie* ». — « *Potius mori quam fœdari.* »

(3) La Commission se composait de MM. Duverger et Demante, professeurs, et de M. Lainé, agrégé, rapporteur.

l'autre décèlent une connaissance exacte des principes, elles présentent des divisions analogues et traitent les mêmes questions essentielles. L'une renferme une analyse plus nette des points controversés et justifie avec plus de largeur et de force les solutions adoptées, mais elle contient une assertion tout à fait erronée sur la séparation de biens judiciaire qui semble ne pouvoir être substituée au régime sans communauté. L'autre, inférieure à la précédente dans l'ensemble et dans les détails, a sur elle l'avantage d'être exempte de toute erreur caractérisée. Les mérites de la première ont paru à la Faculté devoir racheter un *lapsus* commis incidemment et qui, dans un travail aussi sûr, doit, suivant toute vraisemblance, être présumé le résultat de l'irréflexion. Le premier prix s'est trouvé ainsi attribué à M. Febvre qui a obtenu la même distinction en droit romain (1); le second devait appartenir à M. Jacquet-Pontbichet (2).

Dans la dernière composition retenue (3) une grave lacune doit être signalée : les questions que soulève l'acceptation de la communauté par la femme n'ont pas été abordées. Il n'a fallu rien moins qu'une étude assez développée de la vente du fonds dotal, à l'occasion de laquelle des notions très exactes de droit romain ont été rappelées, un bon commentaire des dispositions relatives à la suspension de la prescription en faveur de la femme, et des observations judicieuses sur les articles 1560 et 1561, pour faire attribuer à son auteur, M. Petiet, une mention honorable.

Concours de Doctorat.

En dehors des prix et des mentions destinés aux aspirants à la licence, il est d'autres récompenses que nous avons le regret de ne pouvoir décerner cette année. Pour la première fois depuis longtemps le concours entre les docteurs et les aspirants au doctorat est resté sans résultat; aucun mémoire n'a été déposé dans les délais réglementaires; nous ne cacherons pas la déception que nous en avons éprouvé.

---

(1) Devises : « *Rudis, indigestaque moles.* » — *Fais ce que peux advienne que pourra.* »

(2) Devises : *La loi est la morale imposée.* » — « *Bone vivere, alterum non lædere, suum cuique tribuere.* »

(3) Devises : « *Erudimini, qui judicabitis terram.* » — « *Le droit est le domaine de la volonté libre.* » (*De Savigny.*)

La question, choisie par M. le Ministre sur la liste des propositions de la Faculté, appelait les concurrents à traiter « *Des effets des jugements d'adjudication sur surenchère* ». Nous avions espéré qu'un travail sérieux, dont les éléments étaient fournis par la doctrine et la jurisprudence, pourrait se produire sur un des points les plus controversés du droit civil. Il y avait là matière à une dissertation touchant à ce que la théorie a de plus rigoureux et à ce que la pratique a de plus usuel. On sait qu'entre les jugements d'adjudication sur surenchère, il en est qui sont translatifs de propriété, d'autres qui ne font que confirmer une translation antérieure. Les premiers ont-ils pour effet de résoudre une première aliénation ou réalisent-ils une nouvelle mutation? C'est la question capitale, et, suivant qu'elle est résolue dans un sens ou dans un autre, les conséquences les plus importantes en découlent au point de vue de la nécessité de la transcription, des droits des tiers et de ceux des ayants cause des propriétaires successifs, comme à celui de la perception des droits d'enregistrement. Ces questions se présentent tous les jours, elles offrent un intérêt considérable et on se tromperait fort si on les croyait arides et du ressort des seuls praticiens.

C'est une belle occasion perdue pour les élèves de cette École de montrer, une fois de plus, qu'on n'y forme pas seulement, comme on le dit quelquefois, des théoriciens, mais que tous les enseignements tendent à développer cette qualité maîtresse du jurisconsulte, qui ne sépare jamais les principes de leurs applications et considère le droit comme une science vivante en rapport constant avec les intérêts, les besoins, les nécessités de l'existence sociale.

Peut-être nos docteurs, nos aspirants au doctorat ont-ils renoncé cette fois à disputer les médailles que nous aurions été si heureux de leur distribuer, pour prendre part à d'autres luttes dont leurs maîtres étaient également les juges.

Concours pour les prix du comte Rossi.

Vous vous souvenez, messieurs, qu'il y a deux ans, l'un des professeurs de cette École, M. de Valroger, vous entretenait des dernières volontés de Mme la comtesse Rossi, tendant à perpétuer le souvenir de l'homme éminent que la Faculté a eu l'honneur de compter parmi ses membres. Je ne pourrais rien ajouter à ce qui a été dit, au nom de tous, avec une élévation de vues, une profondeur de sentiment et un bonheur d'expression que vous n'avez pas oubliés. Dès l'an dernier, deux concours, l'un de droit constitutionnel, l'autre de législation civile, étaient ouverts pour les prix du comte Rossi ; l'appel était adressé à tous les hommes d'étude, sans distinction de nationalité, sans conditions de scolarité ni de grades.

Parmi ceux qui y ont répondu, y a-t-il eu de nos élèves se trouvant encore dans les conditions voulues pour le concours de doctorat de la fondation Ernest Beaumont ? Nous ne savons ; mais, s'ils ont cédé à un attrait facile à comprendre, nous regretterions qu'à l'avenir leur exemple fut suivi ; des raisons à notre sens décisives doivent les en détourner. Les conditions de ces deux ordres d'épreuves sont entièrement différentes et tout autres doivent être aussi les exigences de leurs juges. Nous demandons à l'élite de nos élèves, aux aînés de l'École qui sont encore en cours d'études ou qui ont tout récemment soutenu leur thèse de doctorat, des travaux qui puissent faire bien augurer de leurs aptitudes et révéler des talents en germe. Nous couronnons des essais qui dénotent des intelligences cultivées et donnent de sérieuses espérances, sans exiger, de ceux qui quittent à peine les bancs, une maturité exceptionnelle et des œuvres achevées comme ils pourront en composer plus tard. Il en est tout autrement pour les concours Rossi. Constituée en jury par la volonté de la fondatrice, comme aurait pu l'être une autre compagnie savante, la Faculté n'agit plus comme corps d'enseignement supérieur appelé à présider à des luttes scolaires entre les plus instruits et les mieux doués de ses disciples. A l'exception de ses membres, toute personne peut concourir, savants, publicistes, magistrats, professeurs, avocats, les hommes les plus distingués comme les travailleurs les plus inconnus des deux mondes. Quand il s'agit de prononcer le jugement, la valeur absolue de l'œuvre est seule considérée ; le prix appartient aux travaux de nature à faire avancer la science ou éminemment propres à la vulgariser, pouvant devenir l'objet d'une publication immédiate dans la forme même qu'ils ont reçue. La haute récompense décernée les signale à l'attention du public compétent et le mérite du livre doit être la justification de nos suffrages. Que nos aspirants au doctorat s'essaient d'abord dans les concours qui leur sont exclusivement réservés, ils y acquerront des forces pour aborder plus tard, dans des conditions favorables, ceux qui, ouverts à tous, les mettront en présence des plus mûrs et des plus aguerris.

La Faculté dès aujourd'hui rend son verdict à la suite des deux premiers concours de la nouvelle fondation. Si je parviens à le

motiver en m'inspirant de l'esprit dans lequel il a été rendu, le caractère de ces épreuves apparaîtra à tous tel qu'il a été conçu dès l'abord par les exécuteurs des volontés de Mme la comtesse Rossi.

Concours de Droit constitutionnel

En droit constitutionnel les concurrents avaient à traiter :

« *Du rôle et des attributions des ministres dans le gouverne-* « *ment parlementaire, spécialement en Angleterre et dans les* « *constitutions françaises. — Comparer avec le système admis* « *aux États-Unis.* »

Si l'on peut voir dans le choix d'un tel sujet un hommage rendu à la mémoire de l'homme d'État illustre qui a consacré au développement du gouvernement parlementaire les forces d'une grande intelligence et, après en avoir enseigné ici même les vrais principes, est mort martyr de sa foi politique, on peut juger aussi qu'il n'y a pas, dans la sphère constitutionnelle, de question plus digne d'être proposée, de notre temps, aux méditations des esprits libéraux.

Peut-être le délai accordé aux concurrents était-il insuffisant pour une œuvre de longue haleine, exigeant des recherches considérables et un grand travail de méditation, même de la part de ceux qui sont familiers avec les institutions politiques de leur pays et en ont fait l'objet d'études générales.

Sur les trois mémoires qui nous ont été remis aucun ne nous a paru digne du prix. A des degrés inégaux, ils ne répondent pas à des exigences que nous croyons légitimes (1).

L'un, de 122 pages in-4°, portant pour devise : « *Minima de malis* », dévoile une préparation tout à fait insuffisante et une inexpérience qui se trahit dans le fond et dans la forme. Les notions historiques, les jugements, les conclusions manquent d'exactitude et de portée, l'ordre suivi est défectueux, le style est incorrect. L'auteur a trop présumé de ses forces ou ne s'est pas fait une juste idée des conditions de ce concours.

Le second mémoire a cru se montrer fidèle à sa devise : « *Est*

---

(1) La Commission se composait de MM. Vuatrin, Desjardins, Jalabert, professeurs, et de MM. Lyon-Caen et Lefebvre, agrégés; M. Jalabert en a été le rapporteur.

modus in rebus », en traitant en moins de 60 pages un sujet aussi vaste L'auteur est certainement un esprit ouvert, facile et pondéré; il a tracé une esquisse dans laquelle les opinions courantes sur la matière sont exposées avec clarté. On regrette qu'il soit souvent resté à la surface, qu'il n'ait pas creusé davantage les questions et tiré un meilleur parti des documents que l'histoire politique, les discussions parlementaires et les doctrines des publicistes lui fournissaient avec tant d'abondance. Ce qui lui a manqué, ce sont les recherches, la réflexion personnelle, et, par suite, la richesse des informations, la largeur des exposés historiques et philosophiques, la vigueur des démonstrations, la force persuasive des conclusions. On lirait avec intérêt ce travail dans une revue périodique, mais nous ne pouvions le considérer comme une œuvre de science constitutionnelle.

Le troisième mémoire, plus volumineux que les précédents (il ne comprend pas moins de 395 pages in-folio accompagnées de pièces justificatives), a emprunté sa devise à ce passage des *Lettres persanes* qui commence ainsi : « *Il y a longtemps qu'on a dit que la bonne* « *foi était l'âme d'un grand ministre.* »

Nous ne pouvons que rendre justice aux nombreuses investigations de l'auteur, les citations, les notes et un index bibliographique en font foi; il a cherché à être complet, et sa puissance de travail, ses efforts pour s'élever à la hauteur des grands sujets qu'il traite ne peuvent produire qu'une impression favorable. Des faits historiques, des épisodes parlementaires occupent une assez large place dans ce mémoire; on y trouve des notions utiles, des observations justes et des renseignements généralement exacts. Pourtant, malgré le zèle avec lequel les matériaux ont été réunis, il y a encore dans les études préliminaires du concurrent des lacunes marquées. Mais ce qui nous a paru laisser surtout à désirer, c'est la mise en œuvre; des divisions trop multipliées nuisent à l'unité et amènent des redites; les vues d'ensemble se perdent dans le fractionnement du sujet. La recherche des origines, le récit des diverses phases du gouvernement parlementaire, l'exposition des doctrines constitutionnelles ne sont pas traitées de manière à laisser un souvenir vif et net dans l'esprit. En dehors de ces critiques générales, nous signalerons à l'auteur des parties insuffisantes, particulièrement celle consacrée aux moyens par lesquels s'exerce le contrôle parlementaire, questions, rapports de pétitions, interpellations, enquêtes; tout ce qui a trait à l'attitude des ministres, en cas de dissentiment entre les deux Chambres, est à peine indiqué. Dans un travail aussi considérable nous ne nous attacherons pas à relever de légères inexactitudes, mais il est des erreurs qui auraient pu être évitées : la plus importante consiste à considérer la loi transitoire de 1873 sur les pouvoirs du Président de la République, comme étant encore aujourd'hui en vigueur dans quelques-unes de ses dispositions.

Nous regrettons de ne pouvoir récompenser un travail estimable, mais qui aurait besoin d'être remanié, complété et corrigé dans d'assez fortes proportions pour répondre dignement au programme.

La Faculté ne perd pas l'espoir d'obtenir une œuvre tout à fait à la hauteur du prix, et elle a décidé que le même sujet serait remis au concours. Les mémoires devant être déposés le 31 mars 1882 au plus tard, vingt mois sont laissés aux concurrents pour composer d'après les sources une dissertation historique, philosophique et pratique. Nous n'avons pas à tracer ici de programme détaillé, la formule du sujet est par elle-même assez explicite. Ce que nous demandons, c'est une œuvre fortement conçue, portant l'empreinte de son auteur et s'attachant à mettre en lumière les origines, les conditions, les garanties du gouvernement dont les chefs du Parlement ont, en qualité de ministres, la direction et la responsabilité.

Concours de législation civile.

En droit civil le sujet mis au concours était formulé de la manière suivante :

« *Apprécier la légitimité de l'hypothèque judiciaire et des insti-*
« *tutions qui peuvent être proposées pour remplacer cette hypo-*
« *thèque. — Comparer sur l'hypothèque judiciaire les lois étran-*
« *gères avec la loi française.* »

Il ne s'agissait, pas comme on le voit, d'une question nouvelle ; au premier abord, en effet, tout semble avoir été dit en cette matière. Les Cours d'appel et les Facultés de droit se sont prononcées dans l'enquête de 1841 sur le régime hypothécaire, et une discussion mémorable à laquelle ont pris part plusieurs jurisconsultes éminents, dont deux, MM. Demante et Valette, appartenaient à la Faculté, a eu lieu en 1850 à l'Assemblée nationale sur l'hypothèque judiciaire dont la suppression fut votée en première lecture ; depuis, plusieurs travaux spéciaux ont été publiés. Il a paru cependant qu'il était utile de provoquer une décisive étude sur un point qui peut, d'un moment à l'autre, faire l'objet d'un projet de loi, et qu'un travail approfondi sur les origines de l'hypothèque judiciaire, sur sa valeur rationnelle, sur ses résultats pratiques aurait encore de l'intérêt. Il a surtout semblé opportun d'ouvrir une enquête sur les législations étrangères à une époque où, grâce à l'impulsion donnée par une société savante, les textes des lois les plus récentes des pays civilisés sont mieux connus et mis à la portée de tous. Une analyse raisonnée des différentes institutions qui remplacent ailleurs l'hypothèque judiciaire devait, sans aucun doute, apporter de nouveaux éléments pour la solution de la question. Ainsi, pour toutes les parties de ce travail, l'abondance même des documents créait des difficultés particulières et nous prévoyions bien qu'il faudrait un sens juridique exercé pour les surmonter heureusement et faire une œuvre présentant le double caractère de l'unité et de la personnalité.

Cinq concurrents ont répondu à notre appel.

« *Compléter n'est pas détruire* », est la devise d'un premier mémoire en 115 pages in-folio ; en conséquence l'auteur conclut au maintien de l'hypothèque rendue facultative pour le juge, spécialisée, ne portant plus que sur des biens présents et pouvant profiter aux autres créanciers à certaines conditions. L'ordre suivi dans chacune des parties du travail est défectueux, on y trouve des hors-d'œuvre, des redites, des idées erronées sur le droit romain et l'ancienne jurisprudence ; les discussions sont reproduites plutôt qu'analysées ; les données pratiques sont incomplètes, aucune question n'est traitée à fond et les extraits des lois étrangères sont tout à fait insuffisants. Il y a là des efforts bien intentionnés qui n'ont pas abouti.

La maxime « *Est modus in rebus* » reparaît en tête d'un mémoire de 42 pages in-4° qui donne une idée générale de l'état de la question, résume les discussions avec clarté et renferme des propositions éclectiques tendant à la suppression de l'hypothèque pour les actes judiciaires, à son maintien pour les jugements, à sa spécialisation, enfin à l'ouverture d'une sorte de faillite civile en cas d'insolvabilité du débiteur. Le plan est simple, la mise en œuvre est aisée, le style est coulant, mais une certaine ardeur dans les recherches, une certaine rigueur dans la conception et dans l'exécution semblent faire défaut. La partie consacrée aux législations étrangères est écourtée et peu concluante. Dans l'ensemble comme dans les détails on voudrait un travail plus complet et plus personnel.

Un troisième mémoire de 260 pages in folio porte inscrite en gros caractères cette devise : « *Le bon sens qui autrefois a fait découvrir* « *les principes fait aujourd'hui qu'on les retrouve.* » D'après l'auteur l'hypothèque judiciaire doit être maintenue pour les jugements de condamnation à une somme déterminée, le juge doit être astreint à lui assigner le caractère de généralité ou celui de spécialité, ce n'est qu'à défaut d'immeubles présents qu'il pourrait permettre des inscriptions sur les biens à venir au fur et à mesure de leur acquisition. Ce travail suppose une intelligence sérieuse de la pratique, il contient une analyse exacte des discussions parlementaires, des renseignements assez précis sur certains résultats de la loi actuelle, une statistique curieuse concernant l'arrondissement de Fontainebleau, et des communications intéressantes faites par des jurisconsultes étrangers sur la pratique anglaise et l'organisation de la propriété dans les pays germaniques. Les législations des autres pays sont groupées en trois séries et les éléments de comparaison ont été réunis avec soin. Ce qui manque à ce mémoire c'est la rigueur dans la méthode et la sagacité dans la mise en œuvre des matériaux amassés. Beaucoup de parties ayant coûté une somme considérable de travail constituent des hors-d'œuvre, tout ce qui est relatif au régime hypothécaire est dans ce cas. L'historique de l'hypothèque judiciaire manque de précision et de relief, l'étude raisonnée des institutions étrangères est encore à faire. En somme, ce que nous avons regretté de ne pas trouver dans ce travail, c'est une vue plus constante du but, une marche plus directe pour l'atteindre, une généralisation plus puissante, une argumentation plus vigoureuse, plus de nerf et plus de concision. Tel qu'il est, il porte la trace d'un labeur obstiné et de qualités réelles dont nous nous plaisons à rendre témoignage.

Un quatrième mémoire, en 334 pages in-folio, avec deux devises : « *Laboremus.* » — « *Fugit irreparabile tempus,* » nous a paru en quelques points l'emporter sur le précédent, sans pouvoir néanmoins prétendre au prix. L'étude critique de l'hypothèque judiciaire est particulièrement intéressante, les débats auxquels elle a donné lieu sont résumés avec précision, les institutions par lesquelles on a proposé de la remplacer sont méthodiquement analysées, et les conclusions tendant à la supprimer, en organisant la déconfiture à l'aide de règles empruntées à la faillite, sont motivées avec force. Mais nous avons dû reconnaître que l'œuvre était souvent restée à l'état d'ébauche ; il y a des inégalités et des négligences ; certaines questions ne sont pas serrées d'assez près ; la partie consacrée aux législations étrangères ne renferme que des mentions sommaires et ne permet pas de pénétrer assez avant dans l'esprit des institutions, enfin l'étude comparative que l'auteur s'était proposé de faire n'a pu nous être soumise. Le temps lui a manqué pour un travail général de révision et d'achèvement ; nous le regrettons sincèrement à cause des morceaux excellents qui attestent des qualités de jurisconsulte et dénotent un talent déjà exercé.

Le cinquième mémoire, contenant 316 pages in-4°, et portant pour devise : « *Quiconque s'oblige, oblige le sien.* » — « *Perseverando,* » devait-il être supérieur aux précédents ? Dès la première lecture, nous n'avons pu conserver aucun doute à cet égard.

Dès le début on sent un esprit maître du sujet, il l'aborde de front et, sans reproduire des notions qu'il doit supposer connues, il entreprend de démontrer que l'hypothèque judiciaire est contraire au droit et à la justice, qu'elle est condamnée par l'histoire d'abord, par les législations étrangères ensuite, et qu'elle doit disparaître de nos lois.

Dans le premier chapitre, les inconvénients et les dangers de l'hypothèque judiciaire sont mis en pleine lumière ; les raisons de ses partisans sont reproduites avec talent et réfutées avec force ; on y remarque une excellente discussion sur le caractère et les effets des jugements. Peut-être, à la fin de cette première partie, pourrait-on relever l'insistance avec laquelle l'auteur revient sur les mêmes idées, ce qui est, du reste, contraire à sa manière habituelle.

Dans un second chapitre, les origines de l'hypothèque judiciaire sont scrutées avec rigueur ; le *pignus prœtorium* et le *pignus judiciale* apparaissent avec leurs caractères propres, l'attribution aux jugements d'une force hypothécaire est reportée à sa véritable date. Si une conjecture hardie, sur une préférence à raison des dates qui aurait existé anciennement entre les créanciers ordinaires est proposée, elle se présente avec des présomptions artistement groupées qui ne permettent pas de l'écarter de prime abord comme si elle était de pure imagination.

Les législations étrangères sont interrogées dans le troisième chapitre ; l'auteur a essayé d'un classement qui n'est peut-être pas le meilleur, et il semble s'en être aperçu lui-même, car il n'y reste pas toujours fidèle. Mais il tire, en général, des institutions étrangères, les enseignements les plus précis ; il en fait saisir l'esprit, les tendances, les résultats pratiques et s'en sert habilement pour établir sa thèse. Si quelques réserves relatives à l'organisation judiclaire et à la jurisprudence anglaise peuvent être faites, si les recherches n'ont pas porté sur les lois et les coutumes des États-Unis, cette partie n'en est pas moins très solide et très instructive.

Le droit étranger une fois connu, les solutions diverses imaginées pour améliorer ou remplacer l'hypothèque judiciaire pouvaient être utilement examinées dans un dernier chapitre. C'est ici que se place un résumé méthodique, exact et clair de tous les systèmes pratiqués ou proposés; il est suivi de la conclusion tendant à la suppression de cette hypothèque et à la réglementation d'une sorte de faillite civile, conformément à l'idée émise par un maître illustre de cette École, le regretté M. Valette.

La thèse de l'auteur est soutenue avec une chaleur de conviction, une vigueur de dialectique et une vivacité d'allure qui, quelle que soit l'opinion qu'on adopte, font lire son œuvre d'un bout à l'autre avec un vif intérêt. Ses connaissances juridiques sont étendues et sûres; il a le sens pratique; il discerne et met en relief le côté faible des arguments, même de ceux qui sont favorables à sa cause. C'est un esprit ferme et logique qui ne se contente pas de l'apparence et cherche à pénétrer au fond des choses, exigeant pour lui-même, sévère à l'égard des autres, joignant à beaucoup de sève un peu de verdeur. Son œuvre nous a paru avoir une vraie valeur et porter l'empreinte d'une personnalité; nous avons été unanimes pour la juger digne du prix Rossi.

L'enveloppe décachetée a fait apparaître le nom d'un des docteurs de cette École, celui de M. Jules Challamel, qui, après avoir remporté, en 1875, les deux premiers prix de licence, et, en 1877, la seconde médaille de doctorat, nous a présenté sur le *jus offerendæ pecuniæ* en droit romain et sur *la cession des créances hypothécaires* en droit français, une thèse remarquable, à laquelle a été décerné, l'an dernier, un des prix institués, sur notre demande, par M. le Ministre. M. Challamel se montre fidèle à la devise rappelée en tête de son mémoire : *Perseverando;* c'est là le secret de la force croissante des natures douées d'une énergique volonté. Son exemple est une exhortation vivante au travail, à la culture des dons de l'intelligence; il justifie d'une façon éclatante les fondations de Mme Beaumont, de la comtesse Rossi, et celle toute récente dont la Faculté a pris l'initiative. D'autres de nos docteurs se préparent sans doute à marcher sur les traces de l'heureux lauréat, nous n'en voulons pour preuve que ces huit thèses de doctorat, dont les mérites ont été signalés par une Commission spéciale (1) après un scrupuleux examen, et qui ont valu quatre prix *ex æquo* à MM. Charneau (2), Dain (3), Jaudon (4) et Le Carpentier (5), et quatre mentions honorables à MM. Médecin (6), Planiol (7), Vandal (8) et Villetard de Prunières (9). Ces travaux distingués par le fond comme par la forme, gages de l'ardeur scientifique de nos élèves, sont pleins de promesses, ils nous font concevoir, pour l'avenir de nos concours et le progrès des hautes études, les meilleures espérances.

---

(1) La Commission se composait de MM. Machelard, Colmet de Santerre et Labbé, professeurs, et de MM. Cassin et Garsonnet, agrégés; M. Garsonnet en était le rapporteur.

(2) *Étude sur la règle : Per extraneam personam nihil adquiritur en matière de propriété et de créances*, en droit romain. — *Des effets de l'adjudication sur surenchère*, en droit français.

(3) *Du droit d'association*, en droit romain. — *De la condition des associations non reconnues*, en droit français.

(4) *Des Établissements religieux et de leurs biens*, en droit romain. — *De l'exercice et de la dotation du culte catholique dans ses rapports avec l'État, d'après le Concordat de* 1801 *et les articles organiques*, en droit français.

(5) *De l'origine, des applications et de la formule de la condictio*, en droit romain. — *Du conflit des lois françaises et étrangères en matière de mariage, sous le rapport des qualités requises chez les époux*, en droit international.

(6) *Étude historique sur la condition des enfants nés hors mariage à Rome et dans l'ancien droit français, — et sur la condition des enfants naturels reconnus*, d'après le Code civil.

(7) *Des bénéfices accordés aux héritiers*, en droit romain. — *Du bénéfice d'inventaire*, en droit français.

(8) *De la loi Cincia*, en droit romain. — *Des libéralités aux établissements publics*, en droit français.

(9) *Du régime des cours d'eau*, en droit romain. — *Du régime des cours d'eau non navigables ni flottables*, en droit français.

Typ. Ch. de Mourgues Frères. — 5302.

www.ingramcontent.com/pod-product-compliance
Lightning Source LLC
LaVergne TN
LVHW010221230826
846091LV00008BB/3610
9782011905666